AF253548

ESSAI BIOGRAPHIQUE

TASCHER DE LA PAGERIE

SOUS PRESSE :

Biographie de M. Tascher de La Pagerie, père de S. M. l'impératrice Joséphine, aïeul de S. M. Napoléon III ; né en 1735, marié en 1761 à mademoiselle Desvergers de Sanois, mort en 1790.

ESSAI BIOGRAPHIQUE

SUR MADAME

TASCHER DE LA PAGERIE

NÉE DESVERGERS DE SANOIS

MÈRE DE S. M. L'IMPÉRATRICE JOSÉPHINE

AÏEULE DE S. M. L'EMPEREUR NAPOLÉON III

PAR

J. GABRIEL.

PARIS

MADAME Vᵉ GALPIN, RUE DE L'ARCADE, 4,

ET GUESNON, RUE DE RIVOLI, 10 *bis*

1856

ESSAI BIOGRAPHIQUE

SUR MADAME

TASCHER DE LA PAGERIE

NÉE DESVERGERS DE SANOIS,[1]

MÈRE DE S. M. L'IMPÉRATRICE JOSÉPHINE,

AIEULE DE S. M. L'EMPEREUR NAPOLÉON III.

————————

C'est en vain qu'on chercherait dans les ouvrages biographiques, même les plus récents, des renseignements sur la personne qui fait l'objet de cette notice ; nulle part, on ne trouve le moindre article consacré à la mémoire d'une femme qui, cependant, a joué un rôle important aux colonies françaises, et qui doit nécessairement avoir sa place dans l'histoire de l'Empire, comme mère de l'impératrice Joséphine, dont le nom sera toujours cher au peuple français.

Nous voulons essayer de réparer cet oubli, en esquissant la biographie de madame Tascher de La Pagerie, qui a tant de droits à nos souvenirs et à nos hommages.

Rose-Claire Desvergers [2] de Sanois, naquit aux

——

[1] Ou de *Sannois*, avec deux *n*, ainsi qu'il se trouve écrit dans les anciens titres.

[2] C'est par erreur qu'à l'article de *M. de Tascher*, ancien pair de France (*Biographie universelle, supplément* publié en 1853), on lui donne le nom de *de Vergès* de Sanois.

Trois-Ilets (Martinique), le 27 août 1736, d'une ancienne et noble famille, originaire de la Brie, dont les derniers rejetons passèrent aux colonies vers la fin du règne de Louis XIV (³). Son enfance fut entourée de témoignages d'affection ; sa première éducation se fit au sein de la famille, par les soins d'une mère qui l'aimait tendrement et qui se plut à développer les sentiments généreux qu'elle apercevait en elle. Ainsi formée, d'après les principes d'une morale sévère, mademoiselle de Sanois allait atteindre sa vingtième année, lorsqu'au mois de juin 1756, la France déclara la guerre à l'Angleterre. La Martinique, devenue le théâtre de la lutte, recevait avec enthousiasme, au mois de mai 1757 (⁴), son nouveau gouverneur, M. de Beauharnais ; à son appel, la population se leva comme un seul homme, et repoussa avec héroïsme le

(³) Entre autres, Dominique Desvergers de Sanois, qui fit ses premières armes sous Robert de Lonvilliers de Poincy, son beau-frère, gouverneur de Saint-Christophe (3 juin 1644). Les troubles qui éclatèrent dans cette colonie, fournirent bientôt à de Sanois de nombreuses occasions de signaler son courage ; sous M. de Sales et le chevalier de Saint-Laurent qui remplacèrent de Lonvilliers de Poincy dans le gouvernement de cette île, le commandement du quartier de la Capesterre lui fut confié ; à la tête d'une petite colonne, il engagea la lutte contre les Anglais, et prit la plus grande part au combat de la Rivière-Pelan, ainsi que le rapporte le P. Labat (*Histoire générale des Antilles*). Dans les engagements qui se succédèrent presque de jour en jour dans cette guerre désastreuse, de Sanois soutint l'honneur de son pays avec une bravoure qui ne se démentit jamais. D'une inviolable fidélité à sa patrie, lorsqu'en 1690, la colonie tomba au pouvoir des Anglais, il aima mieux voir séquestrer tous ses biens par les vainqueurs que de prendre les armes contre son pays. De Sanois se retira à la Martinique, où il vécut dans la retraite, goûtant au sein de sa famille, les charmes de la vie privée.

(⁴) M. de Beauharnais avait été nommé gouverneur, lieutenant-général des Iles du Vent, le 1ᵉʳ novembre 1756, en remplacement de M. de Bompar ; mais il n'arriva à la Martinique que le 13 mai de l'année suivante.

débarquement opéré par les Anglais, dans la nuit du 16 au 17 janvier 1759 ; moins heureuse, la Guadeloupe fut forcée de capituler après trois mois de combats, de privations et de misère.

Dans ces deux campagnes, M. de Beauharnais avait été à même d'apprécier, non seulement la bravoure, mais encore les qualités morales d'un jeune officier d'artillerie, placé sous ses ordres, M. Tascher de La Pagerie ; aussi, pour lui témoigner toute la considération que lui inspirait son mérite, M. le marquis de Beauharnais songea à lui faire épouser mademoiselle de Sanois qui, par sa naissance, son éducation et sa fortune, était un des partis les plus brillants de la colonie.

M. de Tascher, dont le nom avait déjà un certain retentissement, fut favorablement accueilli dans la famille, et bientôt il s'établit entre les deux jeunes gens une vive sympathie que devait resserrer un lien plus intime encore. Ce fut le 9 novembre 1761 qu'eut lieu la célébration du mariage ; mais celui qui avait préparé cette union, l'objet de tous ses vœux, ne put assister à cette solennité, car il avait été forcé quelque temps auparavant de quitter (*) la Martinique, et de rentrer en France, où il était appelé pour rendre compte de sa conduite lors de la capitulation de la Guadeloupe.

Une nouvelle attaque des Anglais contre la Martinique vint, pour un moment, troubler le calme et le bonheur de cette union formée sous d'aussi heureux auspices.

____

(*) M. de Beauharnais quitta la Martinique le 17 avril 1761.

M. de Tascher, n'écoutant que le sentiment du devoir, quitta sa famille pour aller défendre la patrie en danger. Son courage, parfois téméraire dans le commandement des batteries de la Pointe des Nègres, de la Tapy et du Morne-Tartanson, excita l'enthousiasme de ses compagnons d'armes, mais aussi causa à sa jeune femme de vives et justes appréhensions.

Heureusement, le traité de paix du 10 février 1763, vint mettre un terme aux hostilités; le jeune officier put alors rentrer dans ses foyers, consacrer désormais tous ses instants à sa femme et aux deux enfants qu'il possédait déjà.

De nouveaux malheurs devaient venir altérer la sérénité de cette union si bien assortie, et jeter le désespoir dans le jeune ménage. Au moment où la naissance d'un troisième enfant allait mettre le comble à leur félicité, un de ces terribles ouragans qui désolent de temps à autres les régions tropicales, et que les indigènes redoutent comme les plus grandes calamités, vint, dans la nuit du 13 au 14 août 1766, éclater sur la colonie et y semer l'épouvante; de violentes secousses firent trembler la terre; les maisons furent renversées, les arbres déracinés, les campagnes bouleversées de fond en comble; les habitants consternés cherchèrent en vain un refuge contre la fureur des éléments qui semblaient se déchaîner contre eux. Cette espèce de cataclysme fit éprouver à la famille de Tascher des pertes importantes; et l'antique propriété des Desvergers de Sanois fut emportée par le torrent dévastateur; le seul abri qui resta au jeune couple, fut la Purgerie (⁶) attenant à leur demeure.

Ces déchaînements de la tempête, ces convulsions de la nature entière, qui ont souvent présagé l'approche d'évènements heureux ou funestes, furent les précurseurs de la naissance de cette femme que la Providence destinait à devenir une des principales illustrations de la France; le 3 septembre 1766 (⁷), madame de la Pagerie devait donner le jour à l'impératrice Joséphine.

La vie de madame de la Pagerie, dans sa retraite

(⁶) Lieu où l'on dépose les formes de sucre pour les blanchir.

(⁷) Les biographes et les historiens ne sont pas d'accord sur la date de la naissance de l'impératrice Joséphine. Tous ont donné des chiffres contradictoires sans avoir pris des renseignements nécessaires pour en constater l'exactitude ; de là des erreurs regrettables. Pour donner une juste idée de la diversité des opinions à ce sujet, et à l'égard des prénoms et du lieu de naissance de l'impératrice, nous croyons devoir mettre sous les yeux du lecteur les extraits suivants :

« Joséphine (Marie-Françoise-Joséphine, née Tascher de la Pagerie), née à Saint-Pierre de la Martinique, le 24 juin 1761. » (*Dictionnaire de la Conversation*).

« .... (Marie-Joseph-Rose...), naquit aux Trois-Ilets (Martinique), le 23 juin 1763. » (*Encyclopédie des gens du monde* et *Encyclopédie du XIXᵉ siècle*).

« .... (Marie-Joseph-Rose...), naquit aux Trois-Ilets, le 24 juin 1763. » (*Biographie universelle des frères Michaud.*)

» Nous donnons la date intermédiaire de 1764, comme se rapprochant plus de l'époque connue de la naissance d'Eugène et d'Hortense. »   (*Sidney Daney.*)

« ...., née Tascher de la Pagerie..., née le 24 juin 1768. » (*Almanach impérial de 1806, et autres années.*)

De cette divergence des écrivains, passons aux pièces authentiques, où règne la même obscurité : L'acte de mariage de Joséphine avec le vicomte de Beauharnais, déposé au greffe du tribunal civil de Pontoise, porte qu'elle est née le 23 juin 1763 ; son acte de mariage avec le général Bonaparte, qui se trouve à la mairie du 2ᵉ arrondissement de Paris, le 23 juin 1767, et enfin son acte de décès (au registre de l'état-civil de Rueil), la fait naître le 24 juin 1768.

Des recherches minutieuses, faites en septembre 1852, nous mettent à même de rectifier ces erreurs. Le greffier du Tribunal de première instance de Fort-de-France, où sont conservés les actes civils de la Marti-

des Trois-Ilets, était entièrement consacrée à l'éducation des trois enfants que le Ciel lui avait donnés, et qui faisaient le charme de tous ses instants; elle déposait, dans leurs jeunes âmes, le germe des vertus qu'elle avait elle-même puisées au sein d'une famille respectable.

Quelques années s'écoulèrent ainsi dans le calme de la solitude et les affections intimes; aucun nuage n'obscurcissait le bonheur domestique dont elle jouissait, et elle n'avait que des grâces à rendre à la Pro-

nique, constate que trois enfants seulement sont issus du mariage de M. Joseph-Gaspard Tascher de La Pagerie et de madame Rose-Claire Desvergers de Sanois : La première, nommée MARIE-JOSEPH-ROSE, baptisée le 27 JUILLET 1763, à l'âge de cinq semaines, passe généralement pour l'impératrice Joséphine; à cette assertion erronée, nous opposons l'acte de décès suivant :

« LE CINQ NOVEMBRE MIL-SEPT-CENT-QUATRE-VINGT-ONZE, nous,
» soussigné, curé de la paroisse des Trois-Ilets, avons inhumé dans le
» cimetière de ladite Paroisse, le corps de FEUE demoiselle MARIE-JO-
» SEPH-ROSE, fille légitime de feu M. Joseph-Gaspard Tascher de La
» Pagerie, et de dame Rose Desvergers de Sanois, veuve Tascher de
» La Pagerie, décédée hier après avoir reçu les sacrements de l'Eglise
» et souffert une longue et cruelle maladie avec édification. Ont assisté
» à son enterrement, MM. les soussignés et plusieurs autres qui ne si-
» gnent de ce enquis.
    » *Signé* : Pecquet de Puilhéry, d'Audiffret, Clouët, Durand Cadet,
        » J. Goujon, Tascher, F. Marc, capucin, curé des Trois-Ilets. »
La seconde (CATHERINE-DÉSIRÉE), née le 11 DÉCEMBRE 1764, est morte, selon l'acte de décès, le 16 OCTOBRE 1777.
Enfin, la dernière (MARIE-FRANÇOISE), née le 3 SEPTEMBRE 1766, et dont le greffier de Fort-de-France déclare ne pas trouver l'acte de décès, est certainement l'impératrice Joséphine.
La tradition vient aussi à l'appui des actes authentiques, et ne laisse plus le moindre doute à cet égard : On montre encore, sur l'habitation des Desvergers de Sanois, aux Trois-Ilets, la purgerie où naquit Joséphine, quelques jours après l'ouragan de 1766. Une seule objection peut nous être faite relativement au prénom de *Joséphine* qui ne se trouve pas à côté de ceux de *Marie-Françoise;* aux colonies, il est d'usage de donner aux enfants, dans l'intimité de la famille, des surnoms se rattachant à des souvenirs d'intérieur. C'est ainsi que M. Tascher de La Pagerie se nommant *Joseph*, sa dernière enfant reçut le surnom de *Joséphine* qu'elle conserva depuis.

vidence. Mais rien n'est stable ici-bas; à tant d'agréables jouissances, à ces occupations si douces et si sympathiques devaient succéder les chagrins les plus amers. Le Ciel, en lui prodiguant toutes les qualités de l'âme et du cœur, voulait sans doute la préparer aux malheurs qui devaient plus tard l'éprouver si cruellement!

Elle allait bientôt préluder aux cruelles afflictions qui traversèrent sa vie par la perte d'une de ses filles, à peine âgée de 13 ans (16 octobre 1777). Madame de La Pagerie trouva, dans les témoignages d'affection qu'elle recevait chaque jour de sa bonne Joséphine, des adoucissements à une perte qui avait déchiré son cœur maternel. Mais ces douces consolations furent de bien courte durée, car cette tendre fille, qui se plaisait à lui prodiguer les soins les plus assidus et à lui faire oublier le malheur qui l'avait atteinte, allait la quitter : madame de Regnaudin, sœur de M. de Tascher, désireuse de mettre à exécution le projet qu'elle avait formé depuis longtemps, de marier sa nièce au vicomte de Beauharnais, fils de l'ancien gouverneur de la Martinique, avait, à cet effet, écrit au père de Joséphine pour faire ressortir les avantages de cette union. M. et madame de La Pagerie avaient accédé au désir de leur sœur, et le jour du départ pour la France avait été fixé. A partir de ce moment, jusqu'à l'instant qui précéda l'embarquement de Joséphine, ce ne furent plus que larmes et sanglots dans cette maison où la joie et le bonheur commençaient à renaître.

Le mariage projeté eut lieu à Noisy-le-Grand

(Seine-et-Oise), le 13 décembre 1779; cette union, dont les liens auraient dû être raffermis par la naissance d'Eugène et d'Hortense, ne lui donna pas le bonheur qu'on pouvait espérer... Joséphine, que rien ne retenait plus en France, songea à retourner vers sa mère (1787) qui, depuis longtemps, la pressait de venir la joindre; du reste, une autre cause l'appelait encore au pays natal : la santé de sa sœur aînée (Marie-Joseph-Rose) inspirait de vives alarmes, tous les secours de l'art n'avaient pu apporter jusqu'alors aucun changement à l'état de la malade; Joséphine, espérant hâter la guérison de sa sœur tendrement aimée, avait eu d'abord l'idée de la faire venir en France : « La santé de ma sœur, » écrivait-elle (*) de Fontainebleau, quelque temps avant son départ pour la Martinique, « me chagrine beaucoup; si l'air de la » France lui était favorable, maman pourrait profiter » de l'occasion de mon oncle pour l'envoyer, nous » avons ici un médecin très-habile qui peut-être la » guérirait. »

Le retour de Joséphine dans sa famille, après une absence de neuf années, ramena la joie dans le cœur attristé de sa mère, et, dès-lors, le séjour des Trois-Ilets devint le rendez-vous d'une foule de personnages distingués, attirés par le bon accueil de madame de La Pagerie, et l'amabilité de Joséphine qui faisait les délices de la société coloniale autant par sa conversation variée, naturelle et charmante, que par ses manières pleines de distinction.

(*) Lettre de Joséphine à M. Marlet, datée du 27 janvier 1787.

Pendant ce temps-là, les affaires prenaient en France une tournure de plus en plus alarmante et faisaient déjà pressentir les tristes évènements que devait amener une époque d'exagération; les mauvaises passions surgirent bientôt de toutes parts, et l'orage révolutionnaire ne tarda pas à se faire sentir aux colonies; entraînée dans le tourbillon de l'effervescence patriotique, la Martinique devint le théâtre de continuelles agitations. Dès le mois de septembre 1790, la garnison du fort Bourbon s'insurgeait contre l'autorité du gouverneur, le comte de Damas, qui avait ordonné la détention de quelques personnes, à la suite des troubles survenus à Saint-Pierre.

Le chef de la station, M. Durand du Braye, ayant embrassé la cause de l'autorité, les insurgés canonnèrent les navires l'*Illustre* et la *Sensible*, dont il avait le commandement. Ce fut une nouvelle source de chagrins pour madame de La Pagerie : surprise par ces troubles, Joséphine s'était embarquée avec sa fille Hortense, sur la frégate la *Sensible*, le 4 septembre 1790, sans pouvoir même dire adieu à sa mère; la Providence semblait la presser de courir au-devant de la brillante destinée qui l'attendait sur le continent.

Ce fut dans ces circonstances difficiles, au milieu de tous ces sanglants désordres, que la mort vint planer sur la demeure de madame de La Pagerie : elle eut la douleur de perdre M. de Tascher, le 7 novembre 1790. Il lui fallut toute sa force d'âme pour supporter la perte d'un mari si justement chéri, si digne de toute sa tendresse. Comme un malheur ne vient jamais seul, et que le destin semble se faire un jeu d'accabler de nouveaux maux, ceux qui sont déjà plongés dans l'affliction, elle eut à déplorer presque en même temps la mort de sa fille aînée (Marie-Joseph-Rose), décédée le 4 novembre 1791.

Alors s'ouvre, pour madame de La Pagerie, une nouvelle série d'infortunes, car, après avoir été atteinte par une foule de malheurs, dans ses affections les plus chères, elle devait voir sa patrie en proie à la guerre civile et déchirée par les dissensions intestines. La révolte du fort Bourbon, nous l'avons dit, fut aux colonies le signal des luttes acharnées ; ce fut le premier acte d'adhésion aux doctrines révolutionnaires et à la grande régénération sociale qui tourmentait la France ; les gouverneurs de Damas et de Béhague soutinrent de tous leurs efforts la cause royaliste ; mais fermement attaché aux principes de la Révolution, leur successeur, le général Rochambeau favorisa la marche des évènements qui s'accomplissaient dans la métropole ; la guerre civile se ralluma avec violence, et la lutte engagée entre les partisans de la Révolution et ceux de la monarchie, offrit alors le spectacle du déchaînement des passions populaires.

Rochambeau, instruit qu'un rassemblement séditieux s'était formé aux Trois-Ilets, sur l'habitation d'Audiffredy, s'empressa d'y envoyer un détachement. Par condescendance pour madame de La Pagerie, dont le gendre, M. de Beauharnais, servait la République en qualité de général en chef de l'armée du Rhin, il lui fit offrir un asile à Fort-de-France ; mais malgré le danger qu'elle pouvait courir, elle persista à rester dans son habitation. Pendant la durée de cette période anarchique, des bandes armées se livraient à tous les excès du vandalisme et parcouraient la commune des Trois-Hlets, devenue le point de ralliement des mécontents. Madame de La Pagerie, par sa fermeté et son énergie, parvint à préserver ses biens du pillage.

Affaiblie par les discordes civiles, privée de moyens suffisants de défense, la Martinique devait bientôt passer sous la domination britannique; secondés par les émigrés, les Anglais y opérèrent un débarquement et attaquèrent le général Rochambeau qui, après des prodiges de valeur, fut contraint de capituler le 22 mars 1794; alors tout un système de déportation, d'humiliation et de représailles fut inauguré par les vainqueurs. Malheur à qui conservait dans son cœur un regret de la patrie! malheur à qui osait l'exprimer! Madame de La Pagerie, dont toutes les sympathies étaient favorables à la France, eut à subir de continuelles vexations; des personnes envieuses et malveillantes donnèrent même au gouverneur, W. Keppel, le conseil de l'expulser de la colonie.

Le mariage de Joséphine avec Napoléon Bonaparte, célébré le 9 mars 1796; la gloire et le prestige qui entouraient le jeune général, furent les seules causes de ces menées qui, du reste, n'eurent point d'autre résultat fâcheux.

Si l'année 1794 avait été funeste à madame de La Pagerie par la domination anglaise, par l'emprisonnement de Joséphine, de retour en France dès la fin de 1790, et enfin, par la mort de son gendre, M. de

Beauharnais; les évènements accomplis depuis en Europe, furent pour elle une douce compensation à ces temps d'orages et de persécutions; l'ordre renaissait en France, le dix-huit brumaire avait eu lieu. Cette révolution, en fortifiant le principe d'autorité, portait notre gloire militaire à son apogée. L'Angleterre vaincue était forcée, le 2 mars 1802, de signer le traité d'Amiens et nous rendait la Martinique. L'Amiral Villaret de Joyeuse, nommé gouverneur de cette île, en avait pris possession au nom de la France; des instructions sévères lui enjoignaient de poursuivre sans pitié les persécuteurs de madame de La Pagerie; priée par le gouverneur de les désigner, elle s'y refusa, déclarant n'*avoir que des amis*. Commenter un pareil acte, ce serait, à notre avis, lui enlever son cachet de grandeur et de générosité.

Le cabinet de Saint-James, jaloux des succès de l'homme qu'il poursuivait sans relâche, et mécontent d'une paix qu'il avait été contraint d'accepter, cherchait tous les moyens de réveiller les passions assoupies, et, par des menées sourdes, excitait le peuple à la révolte et au renversement des institutions nouvelles; aussi, la France allait-elle retomber dans ses luttes acharnées de principes politiques, si un ordre de choses ne venait changer les formes du gouvernement consulaire, en élevant à l'Empire celui qui l'avait si miraculeusement sauvé de l'anarchie.

Le 18 mai 1804, l'empire fut proclamé, et aussitôt des dépêches, dirigées sur tous les points, y portèrent la nouvelle de cet heureux évènement. La frégate *la Ville de Milan*, arrivée à la Trinité le 28 septembre, fut chargée d'annoncer l'avènement de Napoléon Bonaparte; des ordres furent donnés au gouverneur pour mettre la mère de l'impératrice et ses parents en état de soutenir le rang où ils se trouvaient élevés; mais madame de La Pagerie ne consentit que difficilement à apporter quelques changements à sa manière de vivre. Un hôtel splendide avait été préparé à Fort-de-France pour la recevoir : elle refusa de l'habiter, préférant le séjour des Trois-Ilets, qui semblait, par sa solitude et sa simplicité même, révéler les habitudes modestes de son existence sans faste et sans orgueil.

Bientôt Joséphine, arrivée à l'apogée des grandeurs, essaya d'attirer sa mère auprès d'elle; elle la voulait à ses côtés, au milieu de la cour la plus brillante du monde : instances, supplications, correspondance pleine d'épanchements et de tendresse, tout fut inutile; rien ne put déterminer madame de La Pagerie à quitter la Martinique; elle aima mieux l'obscurité que la fortune et les honneurs; au sein de la prospérité, elle se montra toujours bonne et accessible à tous, et continua aux colonies l'œuvre de bienfaisance entreprise à la Malmaison.

Élevée subitement à l'un des premiers rangs de la société, madame de La Pagerie ne s'est jamais prévalue ni de sa grandeur, ni de sa fortune, que beaucoup d'autres, à sa place, n'auraient pas manqué de faire valoir pompeusement; la dignité de son caractère la plaçait au-dessus de toutes les puériles vanités de ce genre. Cette élévation même lui donnait un éclat qu' elle sav , du reste, soutenir dignement à l'occasion ; ainsi, on la vit assister officiellement aux réjouissances publiques données à l'occasion du couronnement, et à la cérémonie de prestation de serment à la constitution de l'Empire, qu'avait prescrit un sénatus-consulte du 28 floréal an XII. Son arrivée à Fort-de-France fut saluée par vingt-et-un coups de canon ; et le gouverneur, à la tête des autorités militaires et civiles vint la recevoir sur le rivage. On vit alors cette personne si simple et si modeste, ennemie de tout ce qui tenait à l'apparat, conduite par l'amiral Villaret de Joyeuse jusqu'à l'église, où un dais avait été préparé pour la recevoir.

Personne plus que madame de La Pagerie, ne s'est acquis des droits impérissables à la reconnaissance de la Martinique ; l'indépendance, la prospérité de cette colonie avaient été le but de sa vie, l'objet de ses désirs les plus chers. Pour mettre ce pays au niveau des autres possessions françaises, tout était à refaire, à organiser. Madame de La Pagerie émit des idées dont l'administration locale reconnut toute la justesse : adoptées pour la plupart, elles eurent une heureuse influence, surtout au temps de l'Empire, en prévenant les horribles excès qui avaient désolé précédemment ces contrées. Nous avons entre les mains nombre de lettres relatives à l'administration coloniale ; on y retrouve à chaque instant des preuves de cette bonté et de cette activité d'esprit qui caractérisaient madame de La Pagerie. Nous ne pouvons résister au désir de citer une de ces pièces, qui mérite assurément d'être mise sous les yeux de nos lecteurs ;

« **A Monsieur le Grand-Juge,**

» Vous savez, mon cher Grand-Juge, que notre
» conseil de la Martinique a toujours été composé
» d'habitants, tous colons et riches propriétaires, qui
» rendent la justice gratuitement. Le vœu de la co-
» lonie et celui des magistrats restant, est de con-
» server cette même composition, en n'admettant
» point de juges européens qu'il faudrait salarier;
» mais en voilà deux qui viennent de mourir :
» MM. Héricher de La Châtre et Saint-Aurin, anciens
» membres, n'ont point été rappelés lors de la for-
» mation actuelle. Il s'agit de nommer aux places
» vacantes, ou bien, tout-à-l'heure, il n'y aura plus
» de conseil. Lorsque je vous ai engagée à y faire
» entrer MM. de Valmenières, Faure et de La Motte,
» vous m'avez observé qu'ils étaient d'anciens mili-
» taires, et que, d'après les lois, vous ne pouviez
» proposer que des gradués; mais vous savez que
» ces ordonnances ont été faites dans un temps où
» tous les créoles se faisaient élever en France et
» pouvaient suivre les écoles de droit. Il n'y en a
» plus depuis douze ans, et cette loi, qui était prati-
» cable quand il y avait des universités, cesse de
» l'être depuis qu'elles sont détruites. Au reste, il
» s'agit du bonheur de la colonie que vous désirez
» comme moi. Je crois pouvoir lever l'obstacle qui
» vous arrête, ayant sous les yeux l'exemple de la
» Guadeloupe, où l'on a été obligé de mettre de côté
» cet article de la loi.

» Je vous prie, Grand-Juge, aujourd'hui même que
» vous venez de prêter serment de fidélité à l'Empe-
» reur, et de célébrer avec tant d'allégresse l'éléva-
» tion de ma Joséphine, je vous prie de proposer au
» capitaine-général, dont j'ai l'assentiment, MM. de
» Valmenières, Faure et de La Motte, dont vous con-
» naissez le mérite, pour les trois places vacantes à
» la Cour d'appel. Je prends sur moi les suites de
» cette mesure. J'écris et au Ministre de la marine et
» à ma fille, l'impératrice Joséphine, pour en justifier
» la nécessité et en obtenir la confirmation de l'Em-
» pereur ; par ce moyen, Grand-Juge, votre respon-
» sabilité sera à couvert, et vous aurez rendu à la co-
» lonie et à moi un service auquel j'attacherai le plus
» grand prix et que je n'oublierai pas.

» Tout à vous et à votre bonne famille,
» De tout mon cœur,

» SANOIS DE LA PAGERIE.

« A Fort-de-France, le 2 octobre 1804. »

Dans son intérieur, elle avait su inspirer de l'affection à tous ceux qui l'entouraient ; elle se plaisait à
reconnaître leurs bons soins, leur dévouement. Cette
générosité faillit même une fois lui coûter la vie. Elle
avait à son service une esclave qu'elle avait toujours
bien traitée ; elle lui avait même promis, qu'à sa
mort, la liberté lui serait rendue ; ce devait être une
des clauses de son testament. Cette misérable créa-
ture, voulant jouir plustôt de la faveur promise, essaya
(le 3 juin 1806) d'empoisonner madame de La Page-

rie. La tentative échoua fort heureusement ; la coupable fut condamnée. En vain, sa maîtresse, qui avait pardonné, s'interposa pour la sauver ; la justice était sévère pour les esclaves, qui, n'étant retenus par aucun frein, auraient pu causer à la colonie les plus fâcheux désastres. Il était même fort difficile alors d'obtenir des affranchissements. Madame de La Pagerie, dont la bonté d'âme n'avait été altérée en rien par cet attentat, sollicita la liberté pour trois esclaves : Rosette, Adélaïde et Rosalie, dont elle voulait récompenser la fidélité. M. de Laussat, dans une dépêche adressée à ce sujet au Ministre de la marine, s'exprime dans les termes suivants à l'égard de madame de La Pagerie : « Il est impossible, dit-il, d'avoir sous le » ciel une plus belle âme et plus de bonté que n'en » a madame de La Pagerie ; elle inspire la vénération » à tout le monde, et elle exige si peu, qu'on s'estime » heureux de pouvoir condescendre à ses désirs. »

Les dernières années de madame de la Pagerie s'écoulèrent loin du monde ; elle avait même éloigné de sa retraite des Trois-Ilets toutes les personnes qui lui étaient les moins intimes, et ne conserva auprès d'elle, de ses anciens amis, que mademoiselle d'Audiffredy, MM. de Sainte-Catherine d'Audiffredy et de Tascher. D'une piété douce et sincère, elle remplissait avec exactitude ses devoirs religieux, dont elle faisait une pratique constante dans l'oubli des injures, la charité envers les pauvres et l'humilité chrétienne. Aussi, ce fut avec une sainte résignation qu'elle sentit approcher sa dernière heure. Atteinte d'infirmités graves depuis quelques mois, elle avait le pressentiment de sa fin prochaine; le 30 mai 1807, elle demanda elle-même les derniers sacrements, et, le lundi suivant, son état ayant pris un caractère plus alarmant, elle voulut recevoir l'extrême-onction.

Ce fut le 2 juin, vers neuf heures du matin, que succomba la mère de l'impératrice Joséphine; elle s'éteignit entre les bras de M. Villaret de Joyeuse, comme une flamme, sans convulsion, sans douleur. Elle mourut, heureuse de voir sa fille assise sur le premier trône du monde, et chérie de tout un peuple pour lequel elle était un objet de vénération. Dieu la rappela à lui au moment où son orgueil de mère était encore satisfait; il lui épargna ainsi la douleur de voir ce que le sort réservait à sa fille.

Cette perte fut vivement sentie dans toute l'étendue de la colonie, et excita des regrets universels. Les pauvres de l'île conserveront longtemps le souvenir de ses bienfaits.

Ses obsèques eurent lieu, le jeudi, 10 juin, avec une magnificence princière. Les autorités civiles et militaires furent convoquées; un bataillon du 82ᵉ se porta aux Trois-Ilets. Le canon de la rade et celui du fort tirèrent de demi-heure en demi-heure; une chapelle ardente, desservie par six prêtres, fut dressée, et le corps y resta exposé trente-six-heures. A deux heures de l'après-midi, le char funèbre, orné de draperies magnifiques et traîné par six chevaux richement caparaçonnés, se mit en marche; le préfet apostolique, entouré d'un clergé nombreux, reçut le convoi à un quart de lieue de l'église. Les offices furent célébrés avec la plus grande pompe. Le préfet apostolique, dans une courte oraison funèbre, caractérisa les vertus de madame de La Pagerie, en présence d'un auditoire composé de plusieurs générations, qui en avaient été les témoins pendant soixante-dix ans. Le corps fut enfin déposé au bruit des canons et de la mousqueterie, dans le caveau construit exprès dans une chapelle de la paroisse qui contenait déjà les restes de ses aïeux, les Desvergers de Sanois.

Dix jours après, MM. Sainte-Catherine d'Audiffredy, parent de l'impératrice-mère, et Boyer, aide-de-camp, chef d'état-major de l'amiral Villaret de Joyeuse, partirent de la Martinique sur la goëlette *la Fine*, pour annoncer à l'impératrice Joséphine la mort de sa mère; Napoléon voulut qu'on la lui laissât ignorer quelque temps, parce qu'elle avait le cœur encore navré de la perte de son petit-fils, le prince royal de Hollande, frère aîné de S. M. Napoléon III.

L'Empereur fut lui-même vivement touché de ce triste événement, et fit ordonner par le ministre de la marine, à la date du 3 octobre 1807, qu'on gravât sur le marbre, qui recouvre la dépouille mortelle de sa belle-mère, l'inscription suivante :

ROSE-CLAIRE

DE TASCHER DE LA PAGERIE,

NÉE DESVERGERS DE SANOIS

MÈRE DE S. M. L'IMPÉRATRICE ET REINE

JOSÉPHINE,

BELLE-MÈRE DE L'EMPEREUR ET ROI NAPOLÉON,

DÉCÉDÉE

LE 2 JUIN 1807 DE L'ÈRE CHRÉTIENNE,

SUR SON HABITATION,

ILE MARTINIQUE

DANS SA 74ᵉ ANNÉE.

Le monument qui renferme les cendres de cette femme charitable et modeste, négligé par les gouvernements qui ont suivi l'Empire, a beaucoup souffert des ravages du temps; nous tenons de source certaine que l'Empereur, dans sa tendre sollicitude pour la mémoire de son aïeule, a ordonné de restaurer le mausolée et l'église.